Das wird

DEIN TAG

Kerstin Niehoff

Das wird DEIN TAG

WOHLFÜHLREZEPTE FÜR EIN PERFEKTES FRÜHSTÜCK

Hölker Verlag

Was gibt es Schöneres, als morgens bei einer duftenden Tasse Kaffee und einer Schüssel Lieblingsmüsli langsam wach zu werden? Ich liebe Frühstück und nehme mir gerne ein bisschen Zeit dafür. Denn für mich bestimmt der Morgen die Richtung des Tages.

In diesem Buch habe ich meine liebsten Wohlfühlrezepte für dich aufgeschrieben. Egal, welcher Frühstückstyp du bist oder welche Vorlieben du hast: Nimmst du dir morgens Zeit für dich, legst du den Grundstein für einen positiven und energievollen Tag.

Unter der Woche machen dich z.B. Smoothies, Superbrote und Bowls fit, und am Wochenende kannst du es dir bei Pancakes, Waffeln oder Frühstücksrösti so richtig gut gehen lassen. Ich kombiniere auch gern verschiedene Rezepte und lade Freunde und Familie zu einem ausgiebigen Sonntagsfrühstück ein. Probiere einfach aus, was dir Spaß macht und gut tut!

Ich wünsche dir einen wunderbaren Start in deinen Tag.

Kerstin

Inhaltsverzeichnis

Deine Morgenroutine 10
Deine Checkliste für einen entspannten Start in den Tag 13
Gute Zutaten für ein gutes Frühstück 14

DEIN MORGEN IM ALLTAG
Chia-Schoko-Pudding 18
Pistazien-Grießbrei 21
Strammer Max
mit Tomatenchutney 22
Vanille-Walnuss-Overnights 25
Bowl of sunshine 26
Leckere Superbrote 31
Blueberry Bowl 32
Buttermilch-Smoothie 35
Granola aus der Pfanne 36
Caesar Omelett 39

DEIN MORGEN AM WOCHENENDE
Sonntagsbrötchen mit Ingwer-Shot 44
Avocado-Toast mit Poached Egg 47
Nicecream mit Bananen-Küchlein 48
Erdnussbutter-Pancakes 51
Süßkartoffel-Toasts 52
Ayurvedischer Milchreis 57
Omelittles mit Cold Brew Coffee 58
Breakfast Bowl
mit Korean Cappuccino 61
Überbackene Brote 62
Cremige Avo-Eggs 65

DEIN MORGEN ZU ZWEIT
Cruffins mit Holunderblütencreme 70
French Toasts mit Salted Caramel 73
Kräuterwaffeln
mit Cottage Cheese 74
Mango-Kokos-Crumble 77
Nuss-Bananenbrot 78
Zucchini-Rösti mit Lachs 83
Müsli-Törtchen 84
Quinoa-Apfel-Schmarrn 87
Kakao-Dattel-Waffeln 88
Fruchtsalat mit Granatapfelquark 91

DEINE BASICS ZUM FRÜHSTÜCK
Life Changing Bread 96
Schwedische
Heidelbeerkonfitüre 99
Ungesüßte Mandelmilch 100
Dein Lieblingsmüsli 103
Veganer Linsenaufstrich 104

Register 108

Deine
MORGENROUTINE

Kleine Morgenrituale geben dem Tag Struktur und sorgen für einen gelungenen Start in den Tag. Dein Geist kann noch ein bisschen ausruhen, während das Unterbewusstsein dein morgendliches Wohlfühlprogramm steuert. Überlege dir, was deinen Morgen perfekt macht und nutze die Zeit, um dir etwas Gutes zu tun und zu entspannen.

Ich variiere meine Morgenroutine von Zeit zu Zeit, denn manchmal kann es auch schön sein Gewohnheiten zu ändern. Vielleicht trinkst du im Sommer gern einen Smoothie auf dem Balkon, während dir im Winter eine gemütliche Decke und ein wärmender Porridge gut tun. Oft sind es die kleinen Dinge, die deinen Tag positiv machen. Probiere es einfach aus!

Hier ein paar Ideen für deine Morgenroutine:

- Öffne die Fenster und atme ganz bewusst ein paar Mal tief ein und aus.
- Trinke ein großes Glas Wasser. Das bringt deinen Kreislauf in Schwung und du wirst dich gleich viel wacher fühlen.
- Gönne dir ein kleines Wellness-Programm im Bad. Nimm dir z.B. Zeit für eine entspannende Dusche und creme dich mit deiner Lieblingslotion ein.
- Mache einen kurzen Morgenspaziergang. Bewegung und frische Luft sind perfekte Wachmacher.
- Lege eine kleine Yogasession oder eine Entspannungsübung ein. Das vertreibt den Stress am Morgen.

Und natürlich: Nimm dir Zeit für ein Wohlfühlfrühstück. Genieße es in vollen Zügen und mit allen Sinnen.

Deine Checkliste

FÜR EINEN ENTSPANNTEN START IN DEN TAG

- Gehe früh genug schlafen. Ausreichend Schlaf ist die Basis für einen energiereichen Tag.
- Überlege dir am Vorabend, was du anziehen möchtest. So sparst du dir morgens den ratlosen Blick in den Kleiderschrank.
- Plane dein Frühstück grob im Voraus. Dann brauchst du dir am Morgen weniger Gedanken um die Zubereitung machen und hast mehr Zeit für schöne Dinge.
- Stelle deinen Wecker etwas früher als sonst und vermeide den Snooze-Button. Du wirst sehen, dass du entspannter sein wirst, wenn du morgens etwas mehr Zeit für dich hast.
- Lass das Smartphone noch ein bisschen aus und genieße die Ruhe am Morgen.
- Mache es dir richtig schön am Frühstückstisch. Kaffee schmeckt am besten aus der Lieblingstasse und mit Musik oder deinem Lieblingspodcast kann der Tag entspannt beginnen.

Gute Zutaten
FÜR EIN GUTES FRÜHSTÜCK

Für mich gehört das bewusste Einkaufen zum Genuss dazu. Ich liebe es, in meiner Wahlheimat Münster über den Markt zu schlendern und mich an den Gerüchen, der Farbenpracht und der unglaublichen Vielfalt zu erfreuen.

Es ist schön zu sehen, welche Produkte deine Region zu bieten hat und wie sich das Angebot mit den Jahreszeiten ändert. Du wirst feststellen, dass du einen ganz anderen Bezug zu Gemüse, Käse, Eiern oder Fleisch entwickelst, wenn du weißt, woher sie kommen.

Neben dem Einkauf auf dem Markt ist natürlich auch der örtliche Biosupermarkt oder Hofladen eine gute Anlaufstelle, da ich dort neben regionalen Produkten auch außergewöhnlichere Zutaten in toller Qualität finde.

Ich kann dir wirklich ans Herz legen, die Vielfalt auf dem Markt oder im Biosupermarkt auszuschöpfen, Neues auszuprobieren und kreativ zu werden. Das macht nicht nur Freude, du wirst den Unterschied schmecken! Und du tust nicht nur dir etwas Gutes, sondern auch der Umwelt und deinen Mitmenschen.

EG-Bio
Saftorangen

Dein Morgen IM ALLTAG

Der Wecker klingelt und ein neuer Tag liegt vor dir! Nimm dir Zeit für ein kleines Frühstück. Das geht mit diesen Rezepten ganz einfach, denn sie sind unkompliziert und schnell auf dem Tisch. Einige kannst du sogar schon am Vorabend vorbereiten. So gelingt dir der perfekte Start in deinen Alltagsmorgen.

Köstlichkeit

CHIA-SCHOKO-PUDDING

Chia-Pudding schmeckt sündhaft, ist er aber gar nicht. Er ist sehr gesund und einfach zuzubereiten. Die klassische, unpürierte Variante des Puddings hat eine etwas geleeartige Konsistenz, die mich immer ein wenig gestört hat. Darum habe ich mir eine Alternative überlegt, die unglaublich cremig ist.

ZUTATEN

4 getrocknete Datteln, entsteint
2 kleine Handvoll Haselnüsse
3 TL Chiasamen
3 TL Rohkakaopulver
100 ml Milch, Getreide- oder Nussmilch (z. B. Mandelmilch, siehe Seite 100)
2 EL Brombeeren, alternativ Beeren nach Wahl

Datteln, Haselnüsse, Chiasamen und Kakaopulver zusammen mit der Milch in einen leistungsstarken Mixer geben und 4–5 Minuten auf höchster Stufe pürieren. Die Mischung anschließend ca. 5 Minuten ziehen lassen. Die Chiasamen saugen extrem viel Flüssigkeit auf und verleihen dem Pudding so seine Cremigkeit.

Den Chia-Pudding mit den Brombeeren in ein Glas schichten und mit einigen Beeren toppen.

TIPP FÜR DICH

Du kannst dieses Rezept leicht abwandeln und dir deine eigene Chia-Pudding-Variante ausdenken: Verwende z. B. Himbeeren anstelle des Kakaos und ein anderes Süßungsmittel statt der Datteln: Ahornsirup oder Agavendicksaft funktionieren auch gut. Mit etwas gemahlener Vanille oder Zimt wird der Pudding würziger.

Wärmebooster

PISTAZIEN-GRIESSBREI

Du kriechst aus dem Bett und fühlst dich so gar nicht fit? Dann ist ein warmes Frühstück genau das Richtige für dich. Kreislauf und Verdauung werden behutsam in Gang gesetzt und die cremige Textur des Grießbreis sorgt für ein wohlig warmes Gefühl. So kann dir der stressige Alltagsmorgen nichts mehr anhaben.

ZUTATEN

2 EL Pistazien (ungesalzen)
200 ml Mandelmilch (siehe Seite 100)
3 EL Dinkelgrieß
2 TL Kokosblütenzucker oder ein anderes Süßungsmittel
½ TL Zitronensaft
gehackte Pistazien zum Garnieren

Die Pistazien schälen und in einen Mixer geben. Die Mandelmilch zufügen und alles gut pürieren.

Die Pistazienmilch in einen kleinen Topf geben und aufkochen, Grieß und Kokosblütenzucker zugeben und gut einrühren, bis der Grießbrei beginnt anzudicken.

Den Topf von der Herdplatte nehmen und einige Minuten ruhen lassen. Zum Schluss den Zitronensaft unterrühren.

Den Grießbrei in ein Schälchen füllen und mit Pistazien bestreuen.

Kindheitsklassiker

STRAMMER MAX MIT TOMATENCHUTNEY

Es gibt Tage, da brauchst du einfach ein deftiges Frühstück, um dich den Herausforderungen des Alltags gewachsen zu fühlen. Diese modernisierte Variante des „Strammen Max" schenkt dir jede Menge Energie und schmeckt auch noch nach Kindheit. So kann der Tag beginnen!

ZUTATEN FÜR 2 PERSONEN

Für das Chutney:
¼ Zwiebel
5 Kirschtomaten
1 EL frische Basilikumblättchen
1 TL Olivenöl
2 TL Tomatenmark
1 Msp. Paprikapulver
1 TL Agavendicksaft
Salz und frisch gemahlener schwarzer Pfeffer

Außerdem:
½ TL Butter
1 Ei
1 Scheibe Vollkornbrot (z. B. Life Changing Bread, siehe Seite 96)
2 Scheiben Kochschinken

Für das Chutney die Zwiebel schälen und in feine Würfel schneiden. Die Kirschtomaten vom Stielansatz befreien und vierteln. Das Basilikum abbrausen, trocken tupfen und klein hacken.

Das Öl in einem Topf erhitzen und die Zwiebel darin glasig dünsten. Das Tomatenmark zugeben und kurz mitdünsten. Die Tomaten zufügen und Paprikapulver sowie Agavendicksaft unterrühren. Mit Salz und Pfeffer würzen. Zum Schluss das Basilikum zugeben.

Die Butter in einer Pfanne zerlassen und das Ei darin bei mittlerer Hitze braten.

Das Vollkornbrot auf einen Teller geben und Schinken, Spiegelei und Tomatenchutney daraufschichten.

TIPP FÜR DICH

Das Rezept schmeckt übrigens auch großartig als vegetarische Variante mit Avocadoscheiben.

Nachtschwärmer

VANILLE-WALNUSS-OVERNIGHTS

Gehörst du auch zu den Menschen, die morgens immer in Eile sind und nur selten Zeit haben, sich so früh ein gesundes Frühstück zuzubereiten? Die Lösung heißt Overnight Oats! Einfach am Abend vorher zubereiten, morgens in den Kühlschrank greifen und kühl genießen.

ZUTATEN

1 EL Walnüsse plus einige gehackte Nüsse zum Bestreuen
5 EL Haferflocken
1 TL Leinsamen
1 Msp. gemahlene Vanille
ca. 120 ml Milch, Getreide- oder Nussmilch (z. B. Mandelmilch, siehe Seite 100)
Ahornsirup, Agavendicksaft, Rohrohrzucker oder ein anderes Süßungsmittel nach Belieben
½ Apfel

Die Walnüsse hacken und mit Haferflocken, Leinsamen und Vanille vermengen.

Die Mischung in ein Glas mit Schraubverschluss geben und mit der Milch auffüllen, sodass alles gut bedeckt ist. Die Haferflocken und die Leinsamen ziehen über Nacht sehr viel Flüssigkeit, deshalb ruhig etwas mehr Milch zugießen.

Nach Belieben süßen. Das Glas verschließen und über Nacht im Kühlschrank lagern.

Am nächsten Morgen den Apfel raspeln oder klein schneiden und zusammen mit den gehackten Walnüssen über die Overnight Oats geben.

TIPP FÜR DICH

Hier kannst du wieder deine ganz eigene Overnight-Oats-Variation kreieren: Garniere sie mit Beeren, mische etwas Kakaopulver unter oder genieße die Oats ungesüßt. Alternativ kannst du andere Flocken verwenden (z. B. glutenfreie oder gemischte Vollkornflocken), die Overnight Oats mit Quark oder Joghurt und Früchten mischen oder andere Ölsaaten wie Mohn mit unterrühren. Sei kreativ!

Golden Lady

BOWL OF SUNSHINE

Wenn du an einem regnerischen Morgen mal nicht von der Sonne geweckt wirst, hole dir den Sonnenschein in die Schale! Lies ein bisschen Zeitung, löffle den Mango-Couscous-Porridge und spüre das wärmende Gefühl, das sich in dir ausbreitet und dich langsam in den Tag starten lässt.

ZUTATEN

½ Mango
200 ml Kokosmilch
40 g Couscous
1 TL Kokosraspel

Die Mangohälfte schälen. Das Fruchtfleisch in Scheiben schneiden und einige zur Seite stellen. Den Rest in einem Mixer oder mit dem Pürierstab pürieren.

Die Kokosmilch in einen kleinen Topf geben und aufkochen. Den Couscous zugeben und unter Rühren ca. 3 Minuten kochen lassen, bis ein dickflüssiger Brei entsteht. Die Hitze reduzieren, das Mangopüree unterrühren und noch kurz durchwärmen lassen.

Den Mango-Couscous-Porridge in eine Schale füllen und mit Mangoscheiben und Kokosraspeln garnieren.

Superheroes

LECKERE SUPERBROTE

Es gibt Zeiten, da möchte man einfach nur eine belegte Stulle. Diese Varianten sind nicht nur lecker, sondern sehen auch toll aus, denn warum sollte man seine Brote nicht genauso schön dekorieren wie eine Smoothie-Bowl? Das Auge frühstückt doch mit.

ZUTATEN FÜR JE 2 BROTE

Für das Erdnussbutter-Bananen-Brot:
2 TL Erdnussbutter
½ Banane
1 EL Beerenkonfitüre
(z. B. Schwedische Heidelbeerkonfitüre, siehe Seite 99)
1 EL Kokosraspel

Für das Ziegenkäse-Feigen-Brot:
2 TL Ziegenfrischkäse
2 frische Feigen
2 TL Honig
1 TL Chiasamen

Außerdem:
4 Scheiben Vollkornbrot
(z. B. Life Changing Bread siehe Seite 96)

Die Brotscheiben mit der Erdnussbutter bestreichen. Die Banane in Scheiben schneiden und auf der Erdnussbutter verteilen. Mit der Beerenkonfitüre beträufeln und mit Kokosraspeln bestreuen.

Die Brotscheiben mit dem Ziegenfrischkäse bestreichen. Die Feigen in Scheiben schneiden und auf dem Käse verteilen. Mit dem Honig beträufeln und mit Chiasamen bestreuen.

Beauty Food

BLUEBERRY BOWL

Eine Schüssel voll Glück! Diese bunte, fruchtige Schale gibt dir den richtigen Schwung für den Alltag. Sie ist das ideale Frühstück, wenn du dich mal etwas leichter und gesünder fühlen möchtest, z. B. nach einem genussvollen Wochenende mit schweren Mahlzeiten.

ZUTATEN

2 Bananen
2 EL TK-Blaubeeren
100 ml Milch, Getreide- oder Nussmilch (z. B. Mandelmilch, siehe Seite 100)
Ahornsirup nach Belieben
Mandelmus nach Belieben

Außerdem:
Kokoschips oder -raspel, Beeren nach Wahl, Bananenscheiben

Alle Zutaten in ein Gefäß geben, miteinander pürieren und mit den Toppings garnieren.

TIPP FÜR DICH

Anstelle der Blaubeeren funktionieren auch andere Obstsorten wunderbar. Als Topping eignen sich Nüsse und Flocken aller Art. Etwas sättigender wird es z. B. mit Cashewkernen und Dinkelflocken.

Seelenschmeichler

BUTTERMILCH-SMOOTHIE

Wenn du einmal überhaupt keine Lust oder Zeit für ein Frühstück hast, mache dir einen schönen, vollwertigen Smoothie, der deinen Körper aufweckt und deiner Seele schmeichelt. Mein Soul-Smoothie schmeckt wie ein cremiger Milchshake und macht dich bis zur Mittagszeit satt und zufrieden.

ZUTATEN

2 EL Haferflocken plus etwas zum Bestreuen

1 EL Dinkelflocken
1 Banane
4 getrocknete Datteln, entsteint
100 g Himbeeren
1 TL Chiasamen
200 ml Buttermilch, alternativ Milch, Getreide- oder Nussmilch (z. B. Mandelmilch, siehe Seite 100)

Hafer- und Dinkelflocken, Banane, Datteln, Himbeeren und Chiasamen zusammen mit der Milch in einem Mixer oder mit dem Pürierstab zu einem cremigen Smoothie pürieren. In ein Glas oder einen praktischen To-go-Becher füllen und mit Haferflocken bestreuen.

TIPP FÜR DICH

Möchtest du etwas mehr Biss in deinem Smoothie, toppe ihn einfach mit ein paar Nüssen oder meinem Pfannengranola (siehe Seite 36).

Knusperglück

GRANOLA AUS DER PFANNE

Mmh ... warmes, duftendes Granola mit Beeren und Joghurt. Gerade, wenn die Sonne rauskommt, hat man besonders Lust auf ein frisches, crunchiges Frühstück. Granola kann man natürlich super einfach im Ofen machen, aber dafür haben wir morgens keine Zeit! Wir entscheiden uns für die schnelle Version aus der Pfanne.

ZUTATEN

1 TL Kokosöl
3 EL Lieblingsmüsli (siehe Seite 103)
1 kleine Prise Salz
1 TL Ahornsirup

Außerdem:
1 Handvoll Erdbeeren
200 g griechischer Joghurt

Das Kokosöl in einer Pfanne erhitzen und Lieblingsmüsli sowie Salz hineingeben. Einige Minuten rösten, bis die Zutaten beginnen zu duften. Den Ahornsirup unterrühren.

Die Erdbeeren vom Stielansatz befreien und vierteln. Den griechischen Joghurt in eine Schale füllen und mit Erdbeervierteln und Granola toppen.

TIPP FÜR DICH

Natürlich kannst du statt des Lieblingsmüslis deine ganz eigene Kombination von Nüssen und Samen verwenden. Auch Kokosjoghurt und Maracujasamen schmecken köstlich dazu und verleihen dem Granola eine tolle exotische Note.

Sattmacher

CAESAR OMELETT

Frühstücken wie Caesar! Es gibt Tage, an denen man morgens schon Lust auf eine „vernünftige Mahlzeit" hat. Da ist so ein Omelett doch genau das Richtige. Ich habe aus dem beliebten Caesar Salad ein luftig-leichtes Omelett kreiert, das dich hoffentlich satt und glücklich macht.

ZUTATEN

3 EL geriebener Parmesan
3 Eier
1 EL Milch
1 TL Schnittlauchröllchen plus etwas zum Bestreuen
Salz und frisch gemahlener schwarzer Pfeffer
½ TL Butter
8 Kirschtomaten
½ Mini-Romana-Salatkopf

Den Parmesan mit Eiern und Milch in eine Rührschüssel geben. Den Schnittlauch und etwas Salz sowie Pfeffer zugeben und alles verquirlen.

Die Butter in einer Pfanne erhitzen und die Eiermasse hineingießen. Bei mittlerer Hitze etwa 10 Minuten zu einem Omelett ausbacken, das goldbraun und nicht mehr brüchig ist.

Die Kirschtomaten vom Stielansatz befreien und vierteln. Den Salat putzen und in Streifen schneiden. Wenn der Teig elastisch genug ist, Tomaten und Salat darüberstreuen, das Omelett einklappen und noch kurz durchwärmen lassen.

Auf einen Teller geben und mit Schnittlauchröllchen bestreuen.

Dein Morgen AM WOCHENENDE

Wochenende bedeutet viel Zeit für Genuss. Der Wecker klingelt später oder du wirst sogar von ganz allein wach – ist das nicht ein herrliches Gefühl? Nimm es mit in die Küche und feiere den Morgen mit einem ausgiebigen Frühstück. Wann sonst hast du die Muße, um dich einer Mahlzeit mit so viel Hingabe zu widmen, wie samstags oder sonntags?

Morgenwonne

SONNTAGSBRÖTCHEN MIT INGWER-SHOT

Gibt es neben Kaffee noch einen Duft, der einen sofort ans Wochenende denken lässt? Ganz klar: Der Duft von frischen Brötchen! Wenn es dann noch einen besondereren Aufstrich oder ein leckeres Getränk gibt, ist das Frühstücksglück perfekt.

ZUTATEN FÜR 2 BRÖTCHEN

Für die Brötchen:
1 Ei
100 g Magerquark
1 EL Olivenöl
½ TL Salz
½ TL Zucker
150 g Mehl (am besten Type 550), alternativ Dinkelmehl plus etwas für die Arbeitsfläche
½ Pck. Backpulver

Für den Ingwer-Shot:
1 Stück Ingwer (1 cm)
6 EL Apfelsaft
2 TL Zitronensaft

Außerdem:
Linsenaufstrich (siehe Seite 104)

Den Backofen auf 180 °C (Umluft) vorheizen.

Für die Brötchen Ei, Quark, Öl, Salz und Zucker in eine Schüssel geben und mit einem Schneebesen verrühren. Das Mehl mit dem Backpulver mischen, zur Ei-Quark-Mischung geben und mit den Knethaken des Handrührgerätes zu einem glatten Teig verarbeiten.

Den Teig halbieren, zu zwei Kugeln rollen und auf ein mit Backpapier ausgelegtes Backblech setzen. Die Oberseite der Brötchen mit einem Messer über Kreuz ca. 1 cm tief einschneiden und in den Ofen schieben. Die Brötchen ca. 20 Minuten goldbraun backen.

Für den Ingwer-Shot den Ingwer schälen und mit den restlichen Zutaten in einem Mixer pürieren. Anschließend die Flüssigkeit durch ein Sieb passieren und in ein kleines Glas abfüllen.

Die frischen Brötchen mit dem Linsenaufstrich bestreichen und den Ingwer-Shot dazu genießen.

Superfood

AVOCADO-TOAST MIT POACHED EGG

Ich liebe Avocado-Toast! Unter der Woche und wenn es etwas schneller gehen muss, schmeckt die pure Avocado auf dem Brot natürlich auch wunderbar. Aber am Wochenende, wenn ich mehr Zeit und Muße habe, dürfen sich auch gerne Ei und Bacon dazugesellen.

ZUTATEN

Für das pochierte Ei:
Salz
1 EL heller Essig
1 frisches Ei

Für den Toast:
2 Scheiben Bacon
½ TL Butter
1 Scheibe Ciabatta, alternativ Roggenbrot oder Brötchen
½ Avocado
frisch gemahlener schwarzer Pfeffer

Für das pochierte Ei Wasser in einem Topf mit etwas Salz und Essig zum Kochen bringen. Dann die Hitze des Wassers reduzieren, sodass es nicht mehr sprudelnd kocht. Das Ei in eine kleine Schale oder Kelle aufschlagen. Mit einem Schneebesen einen Strudel im Wasser erzeugen und das Ei in die Mitte des Strudels gleiten lassen. Nach ca. 3 Minuten das Ei herausnehmen.

Für den Toast die Baconscheiben in einer Pfanne ohne Fett knusprig braten. Anschließend Butter in einer Pfanne schmelzen und die Brotscheibe darin rösten.

Die Avocadohälfte entkernen. Mit einem Messer das Fleisch längs einschneiden. Danach mit einem großen Löffel entlang der Schale lösen.

Die Avocadospalten auf der Brotscheibe verteilen, das Ei daraufsetzen, mit Salz und Pfeffer würzen und den Bacon darauflegen.

TIPP FÜR DICH

Das Pochieren von Eiern braucht ein bisschen Übung. Falls du nicht genau weißt, wie man es am besten macht, im Internet gibt es gute Tutorials dazu. Wenn es nicht gleich klappt, schmeckt das Brot ebenso gut mit einem Spiegelei.

Frischekick

NICECREAM MIT BANANEN-KÜCHLEIN

Ein fruchtiges Frühstück zum Wochenende! Vor allem im Sommer ist Nicecream großartig für den Start in einen heißen Tag. Die kühle, fruchtige Creme erfrischt und macht dich wach. Das Zusammenspiel aus den warmen Küchlein und der kalten Creme ist einfach göttlich!

ZUTATEN

Für die Bananen-Küchlein:
1 weiche Banane
1 TL Chiasamen
4 EL Dinkelmehl
50 ml Mandelmilch (siehe Seite 100)
1 EL Kokosöl

Für die Nicecream:
½ Mango
2 gefrorene Bananen
Mark von 2 Maracujas
50 ml Mandelmilch (siehe Seite 100)
2 TL Ahornsirup

Für die Bananen-Küchlein die weiche Banane mit einer Gabel zerdrücken. Mit Chiasamen, Mehl und Mandelmilch vermengen.

Das Kokosöl in einer Pfanne bei mittlerer Temperatur erhitzen und mithilfe eines Esslöffels aus der Masse kleine Küchlein in die Pfanne setzen. Wenn im Teig kleine Bläschen entstehen, die Küchlein wenden und noch ein paar Minuten weiterbacken.

Für die Nicecream das Fruchtfleisch der halben Mango nochmals halbieren und ein Viertel davon in Streifen schneiden. Zur Dekoration beiseitestellen.

Die gefrorenen Bananen mit der restlichen Mango, dem Mark einer Maracuja sowie der Mandelmilch in einem Mixer oder mit dem Pürierstab pürieren.

Die Nicecream mit den Küchlein in einer Schale anrichten. Mit Mangostreifen und Maracuja garnieren.

TIPP FÜR DICH

Du kannst deine Nicecream auch ganz einfach in einer anderen Geschmacksrichtung kreieren. Verwende anstelle der Mango Kakaopulver oder eine Frucht deiner Wahl.

magic of not giving a fuck

Gaumenschmaus

ERDNUSSBUTTER-PANCAKES

Hast du schon einmal Pancakes ganz für dich allein gemacht? Nein? Dann wird es höchste Zeit! Pancakes kann man nämlich ohne viel Aufwand für nur eine Portion zubereiten. Nimm dir die Zeit und genieße diese fluffigen Köstlichkeiten am Morgen – ganz ohne sie teilen zu müssen ...

ZUTATEN FÜR 3 PANCAKES

Für die Pancakes:
1 Ei
3 EL Milch
1 ½ EL Erdnussbutter
50 g Dinkelmehl
½ TL Backpulver
1 TL Kokosöl

Für das Topping:
20 g Zartbitterschokolade
1 EL Ahornsirup
1 TL gesalzene Erdnüsse

Für die Pancakes das Ei trennen und das Eiweiß mit dem Schneebesen oder einem Handrührgerät leicht schaumig schlagen. Milch und Erdnussbutter mit dem Eigelb verrühren. Das Mehl mit dem Backpulver vermengen, auf die Eimasse sieben und unterrühren. Das Eiweiß unter die Masse heben.

Das Kokosöl in einer Pfanne erhitzen. Mit einem großen Löffel drei Teigportionen in die Pfanne geben. Bei mittlerer Hitze von beiden Seiten ausbacken. Auf einem Teller stapeln.

Für das Topping die Zartbitterschokolade in der Mikrowelle oder in einem kleinen Topf auf niedriger Stufe schmelzen und über die warmen Pancakes geben. Den Ahornsirup darübergeben. Die Erdnüsse hacken und darüberstreuen.

TIPP FÜR DICH

Alternativ kannst du die Schokolade auch einfach nur in kleine Stücke hacken und deine Pancakes damit toppen; sie wird von allein schmelzen. Im Sommer schmecken die Pancakes mit ein paar frischen Beeren besonders köstlich.

Trendsetter

SÜSSKARTOFFEL-TOASTS

Ein Food-Trend hat es mal wieder auf meinen Frühstückstisch geschafft: Süßkartoffel-Toast in vier Varianten. Die Süßkartoffelscheiben bleiben zwar immer etwas bissfest, aber es ist definitiv eine interessante Alternative zu Brot. Möchtest du also etwas „abgefahren" in deinen Tag starten, probiere dieses Rezept.

ZUTATEN FÜR 4 TOASTS

4 Süßkartoffelscheiben
1 TL Frischkäse
2 Kirschtomaten
1 TL Schnittlauchröllchen
1 TL Ziegenfrischkäse
1 TL getrocknete Cranberrys
1 TL gehackte Walnüsse
1 EL geriebener Parmesan
1 TL Speckwürfel
1 TL Schnittlauchröllchen
½ Avocado
1 Spritzer Zitronensaft

Außerdem:
Salz und frisch gemahlener schwarzer Pfeffer

Die Süßkartoffelscheiben in einem Toaster auf höchster Stufe in 2–3 Durchgängen toasten. Achte darauf, dass die Scheiben nicht verbrennen. Dann mit dem Belag deiner Wahl toppen.

Für Variante 1 den Frischkäse aufstreichen. Die Kirschtomaten vom Stielansatz befreien und in Scheiben schneiden. Diese auf den Frischkäse legen. Mit Schnittlauchröllchen bestreuen und mit Salz und Pfeffer würzen.

Für Variante 2 den Ziegenfrischkäse aufstreichen. Getrocknete Cranberrys und gehackte Walnüsse aufstreuen. Mit Salz und Pfeffer würzen.

Für Variante 3 den Parmesan aufstreuen und mit Speckwürfeln und Schnittlauch toppen.

Für Variante 4 mit einem Messer das Fleisch der Avocadohälften längs einschneiden. Danach mit einem großen Löffel entlang der Schale lösen. Die Avocado auf die Süßkartoffelscheiben legen und mit Zitronensaft beträufeln. Mit Salz und Pfeffer würzen.

SUPER
Good morning

Muntermacher

AYURVEDISCHER MILCHREIS

Ooommm … Heute startest du deinen Morgen einmal besonders gelassen mit einem ayurvedischen Frühstück. Kennst du die „Goldene Milch", die mit Kurkuma gewürzt wird? Der Kurkumawurzel wird eine heilende und belebende Wirkung nachgesagt. Ich bereite „Goldene Milch" gerne in Form eines Milchreises zu.

ZUTATEN

200–250 ml Milch (z. B. Mandelmilch siehe Seite 100)
1 TL gemahlene Kurkuma
1 Msp. gemahlene Vanille
1 ½ TL Kokosblütenzucker
50 g Rundkornreis (z. B. Arborio)
½ TL Zimt
1 EL Mandeln

Die Milch in einem kleinen Topf erwärmen und Kurkuma, Vanille sowie 1 Teelöffel Kokosblütenzucker mit einem Schneebesen unterrühren. Dann die Milch aufkochen, den Reis zugeben und alles bei mittlerer Hitze ca. 30 Minuten köcheln lassen. Ab und zu umrühren, damit nichts anbrennt.

Wenn der Reis die Milch komplett aufgenommen hat, aber noch zu bissfest ist, zusätzlich etwas Milch zugeben.

Den cremigen Reis in ein Schälchen füllen. Den restlichen Zucker mit dem Zimt mischen und über den Milchreis geben. Die Mandeln hacken und darüberstreuen.

Festmahl

OMELITTLES MIT COLD BREW COFFEE

Irgendwie hab ich Lust auf Pancakes … aber eigentlich weniger auf etwas Süßes … Die Lösung heißt: Mini-Omeletts! Ich nenne sie Omelittles und halte sie für die perfekte Mischung aus Pancakes und Omeletts.

ZUTATEN

Für die Omelittles:
2 Eier
70 g Dinkel- oder Weizenmehl
1 TL Backpulver
½ TL Salz
1 TL Pflanzenöl
70 g Fetakäse
1 Handvoll Babyblattspinat
frisch gemahlener schwarzer Pfeffer

Für den Cold Brew Coffee:
35 g Kaffee, grob gemahlen

Außerdem:
French-Press-Kanne

Für den Cold Brew Coffee das Kaffeepulver in die French-Press-Kanne geben und mit 350 ml kaltem Wasser aufgießen. Gegebenenfalls umrühren, um den Satz zu verteilen, und abdecken. Bei Raumtemperatur 12 Stunden ziehen lassen. Dann die French Press herunterdrücken und den Kaffee so filtern.

Für die Omelittles die Eier trennen und die Eiweiße schaumig schlagen. Das Mehl mit dem Backpulver mischen und sieben. Alle Zutaten miteinander vermengen. Mit Salz würzen und verquirlen.

Das Öl in einer Pfanne auf mittlere Temperatur erhitzen und mithilfe eines Esslöffels aus der Masse kleine Küchlein in die Pfanne setzen. Perfekt sind ca. 2 Esslöffel Teig pro Küchlein.

Den Feta über die Küchlein bröseln und die Eimasse stocken lassen – nicht wenden. Die Omelittles mit den Spinatblättern stapeln und nach Belieben etwas schwarzen Pfeffer darübermahlen.

TIPP FÜR DICH

Den Cold Brew Coffee am besten auf Eis genießen, besonders lecker schmeckt er mit gekühlter Mandelmilch (siehe Seite 100).

Taste of Asia

BREAKFAST BOWL MIT KOREAN CAPPUCCINO

Das etwas exotischere Frühstückchen: eine bunte Bowl mit knackigem Gemüse, köstlichem Rührei und einer süß-würzigen Soße. Eine kleine Reise in der Schale – so darf mein Morgen am Wochenende gerne beginnen ...

ZUTATEN

Für die Bowl:
½ Bio-Salatgurke
½ Möhre
¼ rote Paprikaschote
1 kleine Handvoll Zuckerschoten
1 kleine Frühlingszwiebel
2 Eier
3 EL Sojasoße
½ TL Sesamöl
1 TL Rohrohrzucker

Für den Korean Cappuccino:
ca. 100 ml gesüßte Kondensmilch
1 Espresso, frisch gebrüht
1 TL ungesalzene Erdnüsse

Außerdem:
Milchaufschäumer

Für die Bowl Gurke, Möhre und Paprika putzen und in lange Streifen schneiden. Die Zuckerschoten putzen. Die Frühlingszwiebel putzen und in dünne Ringe schneiden.

Die Eier in eine Schale aufschlagen und mit 1 Esslöffel Sojasoße verquirlen. Das Öl in einer Pfanne erhitzen und die Eimasse hineingeben. Eine dünne Schicht anbacken lassen und anschließend mit einem Pfannenwender zu mehreren Schichten übereinanderschieben und durchbacken lassen.

In einem kleinen Topf die restliche Sojasoße erhitzen und den Zucker zugeben. Die Soße so lange reduzieren, bis sie dickflüssig ist.

Gemüse und Rührei in einer Schale anrichten, die Frühlingszwiebelringe aufstreuen und die Soße darübergeben.

Für den Korean Cappuccino die gesüßte Kondensmilch mit einem Milchaufschäumer etwas aufschäumen und in eine Tasse oder ein Glas füllen. Den frisch gebrühten Espresso hineingießen. Die Erdnüsse hacken und über den Kaffee streuen. Zur Breakfast Bowl genießen.

Lieblingsfutter

ÜBERBACKENE BROTE

Es liegt so nah und ist zugleich richtig köstlich, aber man kommt manchmal nicht sofort darauf: belegte Brote einfach zu überbacken! Es gibt viele Möglichkeiten und Variationen und ich liebe den tollen Duft am Morgen. Meine beiden Lieblingsvarianten sind diese hier ...

ZUTATEN FÜR 4 BROTE

Für die Mango-Mozzarella-Brote:
Arganöl
2 Scheiben Büffelmozzarella
2 Scheiben Mango
Meersalz und frisch gemahlener schwarzer Pfeffer
6 kleine Basilikumblättchen

Für die Brote Elsässer Art:
2 TL Crème fraîche
2 TL Speckwürfel
½ TL Zwiebelwürfel
Meersalz und frisch gemahlener schwarzer Pfeffer
1 kleine Handvoll Rucolablätter

Außerdem:
4 Scheiben Baguette, alternativ Sauerteigbrot

Den Backofen auf 200 °C vorheizen.

2 Scheiben Baguette mit dem Arganöl beträufeln und mit dem Mozzarella belegen. Die anderen beiden Brotscheiben mit Crème fraîche bestreichen und mit Speck- und Zwiebelwürfeln bestreuen.

Die Brote in den Ofen schieben und ca. 10 Minuten backen.

Die Brote herausnehmen und je 1 Mangoscheibe auf die Mozzarella-Brote legen. Alle Brote mit Salz und Pfeffer würzen. Die Basilikum- und Rucolablätter putzen, abtrocknen und über die jeweiligen Brote streuen.

TIPP FÜR DICH

Wer es lieber vegetarisch mag, nimmt statt der Speckwürfel Räuchertofu.

Power Food

CREMIGE AVO-EGGS

Avocados everywhere. Die weiche Avocado mit den cremig zerlaufenden Eiern, den knusprigen Speckwürfeln und den fruchtig süßen Kirschtomaten ... köstlich! Dieses Gericht lässt sich übrigens auch prima als Low-Carb-Abendessen genießen.

ZUTATEN

1 Avocado
2 Eier
1 TL Speckwürfel, alternativ Räuchertofuwürfel
ca. 16 Kirschtomaten
1 TL Olivenöl
Salz und frisch gemahlener schwarzer Pfeffer
1 EL Schnittlauchröllchen

Den Backofen auf 200 °C vorheizen.

Die Avocado halbieren, den Kern herausnehmen und die beiden Hälften in eine Auflaufform legen. Ein Ei in eine kleine Schale aufschlagen und mit einem Löffel das Eigelb in die Mulde einer Avocadohälfte geben. Mit etwas Eiweiß auffüllen. Mit dem weiteren Ei und der zweiten Avocadohälfte wiederholen. Die Speckwürfel darüberstreuen.

Die Kirschtomaten vom Stielansatz befreien, halbieren und um die Avocadohälften in der Auflaufform verteilen. Das Olivenöl darüberträufeln. Alles mit Salz und Pfeffer würzen.

In den vorgeheizten Ofen schieben und 15–20 Minuten backen oder bis Eiweiß und Eigelb gestockt sind. Mit den Schnittlauchröllchen garnieren.

TIPP FÜR DICH

Eine leckere Alternative zu Speck sind auch Tofuwürfel.

Dein Morgen **ZU ZWEIT**

Am schönsten ist es doch, gemeinsam zu genießen. Gibt es einen gemütlicheren Start in den Tag, als sich die Zeit zu nehmen, dem Partner/der Partnerin, seinen Freunden oder der Familie etwas Besonderes zuzubereiten? Legt eure Lieblingsmusik auf, werkelt in der Küche, deckt den Tisch und freut euch über die glücklichen Gesichter, wenn ihr die liebevoll zubereiteten Köstlichkeiten serviert.

Blitzliebe

CRUFFINS MIT HOLUNDERBLÜTENCREME

Sie waren vor ein paar Jahren der Trend aus New York – Cruffins. Kleine Blätterteig-Muffins, gefüllt mit verschiedensten Cremes. Ich habe für dich eine etwas leichtere Variante mit Frischkäse für ein leckeres Sonntagsfrühstück in netter Gesellschaft kreiert.

ZUTATEN FÜR 6 KLEINE CRUFFINS

1 Pck. Blätterteig (à ca. 275 g)
70 g Frischkäse
2 TL Holunderblütengelee (ihr könnt auch ein anderes Gelee oder Konfitüre nehmen, z. B. Schwedische Heidelbeerkonfitüre, siehe Seite 99)
2 EL Puderzucker
1 Handvoll Weintrauben, alternativ Beeren zum Garnieren

Außerdem:
Muffinblech oder Silikon-Muffinförmchen
Kokosöl für die Form
Spritzbeutel

Den Backofen auf 200 °C vorheizen. Die Mulden des Muffinbleches mit ein wenig Kokosöl einfetten.

Den Blätterteig ausrollen, längs in sechs Stücke schneiden, diese zu Schnecken rollen und jeweils einzeln in die Mulden eines Muffinbleches oder in Silikon-Muffinförmchen setzen. In den Ofen schieben und 20 Minuten goldbraun backen.

Frischkäse, Gelee und Puderzucker mit einem Schneebesen oder einem Handrührgerät verrühren und in einen Spritzbeutel füllen. Die Weintrauben putzen und vierteln.

Die Cruffins aus dem Ofen holen, etwas abkühlen lassen und mit einem Messer in die Oberseite vorsichtig kleine Vertiefungen eindrücken. Die Creme mit dem Spritzbeutel in die Cruffins füllen und mit den Weintrauben garnieren.

Süße Sünde

FRENCH TOASTS MIT SALTED CARAMEL

Leckeres Weißbrot verwandelt sich in eine süße, lockere, saftige Köstlichkeit und wird mit frischen Beeren und einer gesalzenen Karamellcreme getoppt! Ein besonderes Frühstück für einen Sonntagmorgen in netter Gesellschaft.

ZUTATEN FÜR 4 FRENCH TOASTS

Für die French Toasts:
3 Eier
100 ml Milch, Getreide- oder Nussmilch (z. B. Mandelmilch, siehe Seite 100)
2 TL Ahornsirup
1 Prise Salz
2 Prisen Zimt
4 Scheiben Weißbrot (Ciabatta, Toast, Landbrot)
2 TL Butter

Für die Salted-Caramel-Creme:
50 g Rohrohrzucker
50 ml Wasser
3 EL Mandelmus
2 Prisen Fleur de Sel

Außerdem:
je 1 Handvoll Erdbeeren und Heidelbeeren
Puderzucker zum Bestäuben

Für die Salted-Caramel-Creme den Zucker in einem kleinen Topf erhitzen und 3–5 Minuten zu einem Sirup einkochen lassen. Das Wasser zugeben und so lange köcheln lassen, bis ein dickflüssiger Sirup entsteht. Den Sirup in eine kleine Schüssel füllen und mit 1 Esslöffel Madelmus und 1 Esslöffel Wasser vermengen, bis eine homogene Masse ensteht. Anschließend das restliche Mandelmus und das Fleur de Sel unterrühren.

Für die French Toasts die Eier mit Milch, Ahornsirup, Salz und Zimt in einer Schale mit dem Schneebesen verquirlen.

Die Brotscheiben nacheinander in die Eimasse legen und kurz einweichen. Die Butter in einer Pfanne erhitzen und die Brotscheiben darin von beiden Seiten goldbraun anbraten.

Die Beeren putzen. Die Erdbeeren vom Stielansatz befreien und vierteln. Die Brotscheiben auf Teller legen, die Beeren darauf verteilen und die Karamellcreme darüberträufeln. Mit Puderzucker bestäuben.

Chill Mode

KRÄUTERWAFFELN MIT COTTAGE CHEESE

Das ideale Brunch-Rezept! Frisch gepresster Orangensaft und zwei Espressi dazu und der Morgen ist perfekt. Lade eine Freundin ein, die du schon lange nicht mehr gesehen hast, und verquatsche mit ihr einen langen Sonntagvormittag.

ZUTATEN FÜR CA. 6 WAFFELN

150 g weiche Butter plus etwas zum Einfetten
4 Eier
1 TL Salz
100 g Speisestärke
100 g Weizen- oder Dinkelmehl
½ TL Backpulver
2 EL gehackte glatte Petersilie
2 EL gehackter Schnittlauch
½ TL schwarzer Pfeffer
½ TL Paprikapulver
½ TL frisch geriebene Muskatnuss

Außerdem:
Waffeleisen
2 EL Hüttenkäse pro Portion
1 EL frisch gehackte Kräuter
gutes Olivenöl zum Beträufeln

Die weiche Butter in eine Schüssel geben. Eier, Salz, Speisestärke, Mehl und Backpulver zugeben und zu einem homogenen Teig verrühren. Dann die Kräuter und Gewürze unter den Teig mischen.

Das Waffeleisen vorheizen und mit etwas Butter einfetten. Pro Waffel 2–3 Esslöffel Teig hineingeben und bei mittlerer Temperaturstufe ca. 3 Minuten backen.

Die gebackenen Waffeln auf Teller stapeln und mit Hüttenkäse und Kräutern toppen. Zum Schluss jeweils mit einem Schuss Olivenöl beträufeln.

TIPP FÜR DICH

Du kannst die Waffeln auch gut vorbereiten und dann im Ofen warm halten. Fertig gebackene Waffeln können auch eingefroren und als Mittagspausen-Snack unter der Woche aufgetaut werden.

Sweat Dream

MANGO-KOKOS-CRUMBLE

Entfliehe dem Regen und träume von der Südsee mit deinem Liebsten! Der Crumble schmeckt besonders lecker zu Joghurt, Quark oder der Nicecream auf Seite 48, aber auch pur ist er ein Traum. Und das Beste daran: Er kommt mit wenigen Zutaten aus, die viele bereits im Vorratsschrank stehen haben.

ZUTATEN

2 Mangos
2 TL Kokosblütenzucker
100 g Dinkel- oder Kokosmehl
100 g Kokosflocken
3 EL Kokosöl

Außerdem:
Auflaufform (ca. 30 x 20 cm)

Den Backofen auf 180 °C vorheizen.

Die Mangos halbieren, entsteinen und das Fruchtfleisch in Streifen schneiden.

Die Mangostreifen in einer Auflaufform verteilen und den Kokosblütenzucker darüberstreuen.

Für die Streusel Mehl, Kokosflocken und Kokosöl miteinander verkneten und über die Mangos bröseln.

In den Ofen schieben und ca. 30 Minuten backen, bis die Brösel Farbe angenommen haben und alles aromatisch duftet.

TIPP FÜR DICH

Natürlich kannst du für dieses Rezept jede Frucht nehmen, die du gerade zu Hause hast. Auch Tiefkühlfrüchte eignen sich. Wenn du Lust auf etwas mehr Crunch hast, mische einfach gehackte Nüsse oder Haferflocken unter die Streusel oder peppe sie mit gemahlenen Gewürzen wie Vanille, Zimt oder Kardamom auf.

Leckerei

NUSS-BANANENBROT

Bananenbrot darf bei meinen Frühstücksklassikern auf keinen Fall fehlen! Es ist das perfekte Gericht für ein Frühstück in kleiner Runde und bei Kindern ist es aufgrund seiner Süße meistens der Hit. Bananenbrot schmeckt super mit Butter, Nussmus, Marmelade oder Schokocreme bestrichen oder einfach pur.

ZUTATEN

2 reife Bananen
25 g Mandeln
25 g Haselnüsse
100 g Dinkelmehl
2 Eier
2 EL Mandelmus
2 EL griechischer Joghurt
3 EL Dattelsirup plus 1 EL zum Beträufeln

Außerdem:
Kastenform (ca. 20 cm)
Kokosöl und Mehl für die Form
2 TL gehackte Haselnüsse zum Garnieren

Den Backofen auf 160 °C vorheizen. Die Kastenform mit Kokosöl einfetten und mit Mehl ausstäuben.

Die Bananen schälen und in einer Schüssel mit einer Gabel zerdrücken. Mandeln und Nüsse grob hacken und zugeben.

Die restlichen Zutaten untermischen und alles gut miteinander vermengen. Den Teig in die vorbereitete Form geben, in den Ofen schieben und ca. 45 Minuten backen. Die Stäbchenprobe machen: Dazu ein Holzstäbchen in das Brot stecken; kommt es sauber wieder heraus, ist das Bananenbrot fertig.

Das Brot herausnehmen und abkühlen lassen. Dann aus der Form nehmen und mit Dattelsirup und gehackten Haselnüssen garnieren.

TIPP FÜR DICH

Je reifer die Bananen, desto aromatischer ihr Geschmack und natürlich umso leckerer das Bananenbrot. Wenn du also mal nicht weißt, was du mit braunen Bananen anfangen sollst – backe einfach ein Bananenbrot.

Feinkost

ZUCCHINI-RÖSTI MIT LACHS

Oho, die feinen Leute! Heute gibt es einmal ein ganz edles Frühstück für deinen Gast! Geräucherter Lachs auf Rösti with a Twist, denn die Rösti sind nicht wie gewohnt aus Kartoffeln gemacht: In diesem Rezept bekommen Zucchini ihren großen Auftritt!

ZUTATEN FÜR CA. 8 RÖSTI

Für die Zucchini-Rösti:
1 Zucchini
1 Zwiebel
100 g Weizenmehl
½ TL Backpulver
2 Eier
1 TL Senf
Salz und Pfeffer
2 EL Pflanzenöl

Für die Mandel-Dill-Soße:
1 EL Mandelmus
1 TL Rapsöl
1 TL Senf
1 TL gehackter Dill
1 TL Agavendicksaft
1 Spritzer Zitronensaft
Salz und Pfeffer

Außerdem:
2 Scheiben Räucherlachs
1 TL gehackter Dill

Für die Zucchini-Rösti die Zucchini putzen und fein raspeln. Die Zwiebel schälen und in kleine Würfel schneiden.

Das Mehl mit dem Backpulver vermengen und zusammen mit Zucchiniraspeln, Zwiebelwürfeln, Eiern und Senf mischen. Mit Salz und Pfeffer abschmecken.

Das Öl in einer Pfanne bei mittlerer Temperatur erhitzen. Den Teig esslöffelweise in die Pfanne setzen und kleine Küchlein formen. Die Rösti von beiden Seiten ein paar Minuten braten, bis sie goldbraun sind. Herausnehmen und, wenn nötig, mit Küchenpapier abtupfen.

Alle Zutaten für die Mandel-Dill-Soße verrühren. Wenn sie zu dickflüssig ist, etwas Wasser untermischen.

Die Zucchini-Rösti auf Teller stapeln und je eine Lachsscheibe darauflegen. Die Mandel-Dill-Soße darübergießen und mit gehacktem Dill garnieren.

Little Treat

MÜSLI-TÖRTCHEN

Sie sehen aus wie kleine, fruchtige Cupcakes für die Kaffeepause, machen sich aber auch hervorragend auf dem Frühstückstisch. Der knusprig süße Müsliboden, die leichte, frische Creme und die fruchtigen Beeren sind eine unschlagbare Kombi. Noch dazu sind sie einfach wunderschön anzuschauen.

ZUTATEN FÜR 12 TÖRTCHEN

50 g Kokosöl
5 g Ahornsirup
3 EL Honig
100 g Lieblingsmüsli (siehe Seite 103), alternativ 60 g Haferflocken, 20 g Nüsse nach Wunsch, 20 g Ölsaaten, z. B. Sonnenblumenkerne, Leinsamen oder Sesam)
100 g Haferflocken (Zartblatt)
200 g Skyr
ca. 50 g Beeren (z. B. Heidelbeeren, Himbeeren und Erdbeeren)

Außerdem:
Muffinblech oder Silikon-Muffinförmchen
Papiermanschetten

Den Backofen auf 160 °C vorheizen. Die Mulden des Muffinbleches mit Papiermanschetten auslegen.

Das Kokosöl mit Ahornsirup und Honig in einen Topf geben und erhitzen, bis alles flüssig ist. Die Kokosölmischung mit Müsli und Haferflocken in eine Schüssel geben und gut vermengen.

Die Masse mit einem Löffel gleichmäßig in den Papiermanschetten verteilen, dann leicht an Boden und Wänden andrücken, sodass kleine „Körbchen" entstehen.

Das Muffinblech in den Ofen schieben und die Böden ca. 12 Minuten backen. Anschließend herausnehmen und im Kühlschrank vollständig auskühlen lassen.

Die Beeren putzen. Die Erdbeeren vierteln. Jeweils 1 Esslöffel Skyr auf die Törtchen geben und mit den verschiedenen Beeren garnieren.

TIPP FÜR DICH

Eine Version mit wärmenden Gewürzen wie gemahlenem Ingwer, Zimt und Kardamom im Knusperboden und einer Creme aus Vanillequark, belegt mit geviertelten Pflaumen, macht besonders am winterlichen Frühstückstisch Eindruck.

Leckerbissen

QUINOA-APFEL-SCHMARRN

Quinoa, das Urkorn der Inkas, ist schon etwas Besonderes. Sie ist reich an Ballaststoffen, Eisen, Eiweiß und Zink, schmeckt richtig lecker und ist den meisten eher aus der herzhaften Küche bekannt. In der heutigen Frühstücksversion kommt sie als leichter Schmarrn daher und möchte von dir und deinen lieben Gästen verputzt werden.

ZUTATEN FÜR 1 PFANNE

100 g weiße Quinoa
2 Eier
100 ml Milch, Getreide- oder Nussmilch (z. B. Mandelmilch, siehe Seite 100)
50 g Apfelmark
2 EL Ahornsirup
½ EL Bio-Zitronenabrieb
100 g Dinkelmehl
½ TL Backpulver
1 EL Kokosöl

Außerdem:
Puderzucker zum Bestäuben
Kakaonibs zum Garnieren

Die Quinoa mit der doppelten Menge Wasser in einem Topf zum Kochen bringen und 15 Minuten köcheln lassen, bis die Flüssigkeit komplett aufgenommen wurde.

In der Zwischenzeit die Eier trennen und die Eiweiße mit einem Schneebesen oder einem Handrührgerät steif schlagen.

Die Quinoa mit Milch, Apfelmark, Ahornsirup, Zitronenabrieb und Eigelben verrühren. Das Mehl mit dem Backpulver vermengen, auf die Quinoamischung sieben und unterrühren. Dann den Eischnee unterheben.

Das Kokosöl in der Pfanne bei mittlerer Hitze erwärmen. Die Mischung hineingeben, verteilen und von beiden Seiten goldbraun anbraten. Der Teig kann – und darf – dabei auch etwas brechen. Den fertigen Schmarrn zum Servieren in Stücke reißen.

Auf Teller verteilen, mit Puderzucker bestäuben und mit Kakaonibs garnieren.

Glücksbringer

KAKAO-DATTEL-WAFFELN

Was wäre die Welt ohne Schokolade? Doch nur halb so schön! Die Kakao-Dattel-Waffeln sind nicht nur schokoladig lecker, sondern auch noch ein wenig gesünder als „normale" Schoko-Waffeln. Lade dir deine Mädels ein und genießt gemeinsam die süßen und fruchtigen Köstlichkeiten.

ZUTATEN FÜR CA. 8 BELGISCHE WAFFELN

12 getrocknete Datteln, entsteint
350 ml Milch, Getreide- oder Nussmilch (z. B. Mandelmilch, siehe Seite 100)
2 EL Mandelmus
3 Eier
3 EL Ahornsirup
2 EL Kokosöl
200 g Dinkelmehl
50 g Rohkakaopulver
1 TL Backpulver
1 Prise Meersalz

Außerdem:
Waffeleisen
100 g Himbeeren
2 TL Rohrohrzucker

Die Datteln in einem Mixer mit Milch, Mandelmus, Eiern, Ahornsirup und 1 Esslöffel Kokosöl pürieren.

Das Dinkelmehl mit Kakao- und Backpulver sowie dem Meersalz mischen. Die Mehlmischung nach und nach zur Dattelmilch geben und mit einem Schneebesen oder einem Handrührgerät vermengen.

Das Waffeleisen vorheizen und mit dem restlichen Kokosöl einfetten. Pro Doppelwaffel 2–3 Esslöffel Teig hineingeben und bei mittlerer Temperaturstufe ca. 3 Minuten backen.

50 g Himbeeren mit einer Gabel etwas zerdrücken und in einem kleinen Topf kurz mit dem Rohrohrzucker erhitzen.

Die Waffeln auf Teller verteilen und die Soße sowie die restlichen frischen Himbeeren darübergeben.

TIPP FÜR DICH

Sollten die Datteln zu hart sein, kannst du sie ein paar Minuten in etwas Wasser einweichen.

man muss das Leben tanzen

K

Vitaminbombe

FRUCHTSALAT MIT GRANATAPFELQUARK

Ein perfektes Frühstück für Gäste oder Familienmitglieder, die „heute mal nicht so ein üppiges Frühstück" verzehren, aber trotzdem genießen möchten. Du kannst für den Obstsalat auch anderes Obst, Früchte oder Beeren verwenden. Stelle dir einfach zusammen, was dir schmeckt!

ZUTATEN FÜR 1 GROSSE SCHALE

2 Birnen
2 Äpfel
Saft von ½ Zitrone
1 Granatapfel
3 TL Rohrohrzucker
2 EL Mandelmus
250 g Quark (Vollfettstufe)

Die Birnen und Äpfel putzen und klein schneiden. In eine Schüssel geben und mit Zitronensaft beträufeln, damit das Obst nicht braun wird.

Den Granatapfel teilen. Eine Hälfte mit der Hand zerdrücken und so den Saft herauspressen. Die Kerne aus der anderen Hälfte herauslösen und beiseitestellen. Den Saft mit Rohrohrzucker und Mandelmus unter den Quark heben.

Den Quark über das Obst in der Schüssel geben und mit den Granatapfelkernen der zweiten Hälfte garnieren.

TIPP FÜR DICH

Teile den Granatapfel in zwei Hälften, lockere die Hälfte durch Drücken etwas auf, halte den Granatapfel mit der Schnittfläche nach unten über eine Schüssel und schlage mit einem Kochlöffel auf die Schale, sodass die Kerne herausfallen. Voilà!

Deine Basics
ZUM FRÜHSTÜCK

Eine gute Basis ist in jeder Lebenslage wichtig. Vorräte selbst herzustellen macht Spaß! Und zufrieden. Die Rezepte in diesem Kapitel kannst du für meine Frühstückslieblinge oder für deine eigenen Kreationen verwenden.

Kraftpaket

LIFE CHANGING BREAD

Vielleicht hast du von diesem „lebensverändernden" Brot schon auf unzähligen Blogs gelesen. Aber was ist an diesem Brot so besonders? Es ist extra saftig, vollgepackt mit Saaten und Nüssen, hält sich lange, lässt sich einfach zubereiten und schmeckt auch mega-lecker. Noch Fragen?

ZUTATEN FÜR 1 BROT

145 g 4-Korn-Flocken
65 g Haselnüsse
135 g Sonnenblumenkerne
90 g geschrotete braune Leinsaat
4 EL Flohsamenschalen
2 EL Chiasamen
1 TL Salz
1 EL Agavendicksaft
3 EL Kokosöl
350 ml Wasser

Außerdem:
Kastenform (ca. 20 cm)
Kokosöl und Mehl für die Form

Die Kastenform mit Kokosöl einfetten und mit Mehl ausstäuben.

Alle Zutaten, bis auf Kokosöl und Wasser, gut miteinander vermengen.

Das Kokosöl erhitzen, mit dem Wasser zum Teig geben und gut unterrühren.

Den Teig in die vorbereitete Kastenform geben und mindestens 2 Stunden an einem trockenen kühlen Ort quellen lassen.

Den Backofen auf 200 °C vorheizen. Die Form im Anschluss in den vorgeheizten Ofen schieben und das Brot 30 Minuten backen. Nach dieser Zeit das Brot aus der Form auf das Backblech stürzen und weitere 30 Minuten backen. Das Brot herausnehmen und abkühlen lassen.

TIPP FÜR DICH

Das Brot schmeckt himmlisch mit süßem oder salzigem Belag.

Blabärsylt

SCHWEDISCHE HEIDELBEERKONFITÜRE

Jetzt wird's schwedisch! Eigentlich unterscheidet sich die schwedische Heidelbeerkonfitüre – Blabärsylt – nur in zwei Punkten von unserer, sie ist etwas süßer und auf jeden Fall flüssiger.

ZUTATEN FÜR 1 SCHALE

2 EL gefrorene Heidelbeeren
½ EL Vollrohrzucker

1½ Esslöffel der gefrorenen Beeren mit dem Zucker in einen kleinen Topf geben und unter Rühren ca. 2 Minuten köcheln lassen. Dann die restlichen Beeren dazugeben und eine weitere Minute unter Rühren köcheln lassen. Fertig!

TIPP FÜR DICH

Falls etwas von der köstlichen Konfitüre übrig bleibt oder du etwas mehr kochen möchtest, lagere das frische Blabärsylt in einem verschlossenen Glas im Kühlschrank und brauche es am besten innerhalb von 1–2 Wochen auf.

Göttertrank

UNGESÜSSTE MANDELMILCH

Natürlich kann man ungesüßte Mandelmilch mittlerweile auch ganz einfach fertig kaufen, aber wenn du dir einmal selbst Mandelmilch gemacht hast, wirst du den Unterschied schmecken.

ZUTATEN FÜR 1 LITER

200 g ungeschälte Mandeln

Außerdem:
Nussmilchbeutel oder Baumwolltuch

Die Mandeln mindestens 8 Stunden, am besten über Nacht, in einer Schüssel mit Wasser einweichen.

Am nächsten Morgen das Wasser abgießen und die Mandeln unter frischem Wasser abspülen. Dann die Mandeln mit 1 Liter Wasser in einem Hochleistungsmixer auf höchster Stufe so lange mixen, bis eine homogene Flüssigkeit entstanden ist.

Anschließend die Masse mit einem Nussmilchbeutel oder einem Baumwolltuch klären, um das Mandelmehl zu entfernen. Dazu das Tuch auf ein Sieb über einer Schüssel ausbreiten und die Masse daraufgießen. Die Flüssigkeit abtropfen lassen und zum Schluss Restflüssigkeit aus dem Tuch wringen.

In eine Flasche abgefüllt, ist die Mandelmilch im Kühlschrank bis zu 7 Tage haltbar.

TIPP FÜR DICH

Um deiner Mandelmilch noch einen extra Kick zu verleihen, kannst du vor dem Mixen auch etwas gemahlene Vanille, Meersalz oder ein paar Datteln zugeben. Der im Tuch übrig gebliebene „Mandeltrester" eignet sich als Mandelmehl zum glutenfreien Backen oder auch für Smoothies.

Energievorrat

DEIN LIEBLINGSMÜSLI

Jetzt wird's kreativ! Wir wissen doch alle, welche Müslimischungen uns am besten schmecken und welche Zutaten wir gerne mögen. Warum stellen wir uns dann nicht hin und wieder unser eigenes Lieblingsmüsli zusammen? Mein Lieblingsmüsli geht so:

ZUTATEN FÜR 1 GLAS À 500 ML

100 g Dinkelflocken, alternativ andere Flocken wie z. B. Hirse, Gerste, Roggen etc.
50 g Haferflocken (Zartblatt)
2 EL Kürbiskerne
2 EL Sonnenblumenkerne
2 EL Kakaonibs

Alle Zutaten mischen und in einem luftdicht verschließbaren Glas aufbewahren.

TIPP FÜR DICH

Ob mit Nüssen, Ölsaaten, Kokosflocken, Trockenfrüchten, Schokostückchen, Kakao, Früchtepulver oder allem zusammen, deiner Kreativität sind keine Grenzen gesetzt. Dein Lieblingsmüsli bildet eine fabelhafte Basis für Rezepte wie das „Granola aus der Pfanne" (siehe Seite 36) oder „Müsli-Törtchen" (siehe Seite 84). Mit frischen Früchten und deiner selbst gemachten Mandelmilch (siehe Seite 100) genießen.

Geheimtipp

VEGANER LINSENAUFSTRICH

Die perfekte vegane Alternative zu Wurst und Käse:
der Linsenaufstrich. Er ist würzig, cremig und trotzdem leicht.
Probiere es aus!

ZUTATEN FÜR 1 GLAS À 230 ML

¼ Zwiebel
½ Knoblauchzehe
Pflanzenöl
50 g Linsen
½ TL Paprikapulver
1 TL Tomatenmark
1 TL Senf
½ TL Salz
1 TL Agavendicksaft
1 EL Mandelmus

Zwiebel und Knoblauch schälen und hacken. Das Öl in einer Pfanne erhitzen und beides darin glasig dünsten. Die Linsen zugeben und mit anschwitzen. Dann Paprikapulver, Tomatenmark, Senf, Salz und Agavendicksaft zugeben und kurz mitbraten.

Mit 150 ml Wasser ablöschen und 10–15 Minuten köcheln lassen, bis die Linsen weich werden. Falls das Wasser zu schnell einkocht, noch ein paar weitere Esslöffel Wasser zugeben.

Zum Schluss das Mandelmus zugeben und alles kurz in einem Mixer oder mit dem Pürierstab zu einem cremigen Aufstrich verarbeiten. Der Aufstrich hält sich im Kühlschrank ca. 1 Woche.

REGISTER

A

Apfel
- Fruchtsalat mit Granatapfelquark 91
- Quinoa-Apfel-Schmarrn 87
- Sonntagsbrötchen mit Ingwer-Shot 44
- Vanille-Walnuss-Overnights 25

Avocado
- Avocado-Toast mit Poached Egg 47
- Cremige Avo-Eggs 65
- Süßkartoffel-Toasts 52

Avocado-Toast mit Poached Egg 47

Cremige Avo-Eggs 65

Ayurvedischer Milchreis 57

B

Bananen
- Blueberry Bowl 32
- Buttermilch-Smoothie 35
- Nicecream & Bananen-Küchlein 48
- Nuss-Bananenbrot 78
- Leckere Superbrote 31

Beeren
- Blueberry Bowl 32
- Buttermilch-Smoothie 35
- Chia-Schoko-Pudding 18
- French Toast mit Salted Caramel 73
- Granola aus der Pfanne 36
- Kakao-Dattel-Waffeln 88
- Müsli-Törtchen 84
- Leckere Superbrote 31
- Schwedische Heidelbeerkonfitüre 99
- Süßkartoffel-Toasts 52

Birnen
- Fruchtsalat mit Granatapfelquark 91

Blätterteig
- Cruffins mit Holunderblütencreme 70

Blueberry Bowl 32

Bowl of Sunshine 26

Breakfast Bowl mit Korean Cappuccino 61

Buttermilch-Smoothie 35

C

Caesar Omelett 39

Chiasamen
- Buttermilch-Smoothie 35
- Chia-Schoko-Pudding 18
- Life Changing Bread 96
- Nicecream & Bananen-Küchlein 48
- Leckere Superbrote 31

Chia-Schoko-Pudding 18

Couscous
- Bowl of Sunshine 26

Cremige Avo-Eggs 65

D

Datteln
- Buttermilch-Smoothie 35
- Chia-Schoko-Pudding 18
- Kakao-Dattel-Waffeln 88

Dein Lieblingsmüsli 103

E

Erdnussbutter-Pancakes 51

F

Feigen
Leckere Superbrote 31
French Toast mit Salted Caramel 73
Fruchtsalat mit Granatapfelquark 91

G

Granatapfel
Fruchtsalat mit Granatapfelquark 91
Granola aus der Pfanne 36
Grieß
Pistazien-Grießbrei 21
Gurke
Breakfast Bowl mit Korean Cappuccino 61

H

Haferflocken
Buttermilch-Smoothie 35
Dein Lieblingsmüsli 103
Müsli-Törtchen 84
Vanille-Walnuss-Overnights 25
Honig
Müsli-Törtchen 84
Leckere Superbrote 31

I

Ingwer
Sonntagsbrötchen mit Ingwer-Shot 44

J

Joghurt
Granola aus der Pfanne 36
Nuss-Bananenbrot 78

K

Kakao-Dattel-Waffeln 88
Käse
Cruffins mit Holunderblütencreme 70
Caesar Omelett 39
Kräuterwaffeln mit Cottage Cheese 74
Omelittles mit Cold Brew Coffee 58
Leckere Superbrote 31
Süßkartoffel-Toasts 52
Überbackene Brote 62
Veganer Linsenaufstrich 104
Kokos
Blueberry Bowl 32
Bowl of Sunshine 26
Mango-Kokos-Crumble 77
Leckere Superbrote 31
Kräuterwaffeln mit Cottage Cheese 74
Kurkuma
Ayurvedischer Milchreis 57

L

Lachs
Zucchini-Rösti mit Lachs 83
Leckere Superbrote 31

Leinsamen
Müsli-Törtchen 84
Vanille-Walnuss-Overnights 25
Life Changing Bread 96
Linsen
Sonntagsbrötchen mit Ingwer-Shot 44
Veganer Linsenaufstrich 104

M

Mandeln
Blueberry Bowl 32
French Toast mit Salted Caramel 73
Fruchtsalat mit Granatapfelquark 91
Ayurvedischer Milchreis 57
Kakao-Dattel-Waffeln 88
Nicecream & Bananen-Küchlein 48
Nuss-Bananenbrot 78
Pistazien-Grießbrei 21
Ungesüßte Mandelmilch 100
Veganer Linsenaufstrich 104
Zucchini-Rösti mit Lachs 83
Mango
Bowl of Sunshine 26
Mango-Kokos-Crumble 77
Nicecream & Bananen-Küchlein 48
Überbackene Brote 62
Mango-Kokos-Crumble 77
Maracuja
Nicecream & Bananen-Küchlein 48
Möhre
Breakfast Bowl mit
Korean Cappuccino 61
Müsli-Törtchen 84

N

Nicecream & Bananen-Küchlein 48
Nuss-Bananenbrot 78
Nüsse & Kerne
Breakfast Bowl mit
Korean Cappuccino 61
Chia-Schoko-Pudding 18
Dein Lieblingsmüsli 103
Erdnussbutter-Pancakes 51
Granola aus der Pfanne 36
Life Changing Bread 96
Müsli-Törtchen 84
Nuss-Bananenbrot 78
Süßkartoffel-Toasts 52
Vanille-Walnuss-Overnights 25

O

Omelittles mit Cold Brew Coffee 58

P

Paprika
Breakfast Bowl mit
Korean Cappuccino 61
Pistazien
Pistazien-Grießbrei 21
Pistazien-Grießbrei 21

Q

Quark
Fruchtsalat mit Granatapfelquark 91
Sonntagsbrötchen mit Ingwer-Shot 44
Quinoa
Quinoa-Apfel-Schmarrn 87
Quinoa-Apfel-Schmarrn 87

R

Reis
Ayurvedischer Milchreis 57

S

Salat
Caesar Omelett 39
Schokolade
Chia-Schoko-Pudding 18
Dein Lieblingsmüsli 103
Erdnussbutter-Pancakes 51
Kakao-Dattel-Waffeln 88
Quinoa-Apfel-Schmarrn 87
Schwedische Heidelbeerkonfitüre 99
Skyr
Müsli-Törtchen 84
Sonntagsbrötchen mit Ingwer-Shot 44
Speck
Avocado-Toast mit Poached Egg 47
Cremige Avo-Eggs 65
Süßkartoffel-Toasts 52
Überbackene Brote 62
Spinat
Omelittles mit Cold Brew Coffee 58
Strammer Max mit Tomatenchutney 22
Süßkartoffel-Toasts 52

T

Tomaten
Cremige Avo-Eggs 65
Caesar Omelett 39
Strammer Max mit Tomatenchutney 22
Süßkartoffel-Toasts 52
Veganer Linsenaufstrich 104

U

Überbackene Brote 62
Ungesüßte Mandelmilch 100

V

Vanille
Ayurvedischer Milchreis 57
Vanille-Walnuss-Overnights 25
Vanille-Walnuss-Overnights 25
Veganer Linsenaufstrich 104

W

Weintrauben
Cruffins mit Holunderblütencreme 70

Z

Zucchini
Zucchini-Rösti mit Lachs 83
Zucchini-Rösti mit Lachs 83

EIN GROSSES *Danke*

... an meine Hand-, Fuß- und Beinmodels Pia, Mareike, Franzi, Paula und Norbert.
... an alle fleißigen Testkocher, ganz besonders an meine liebe Freundin Uta.
... an Lisa, meine Rettung in der Fotografen-Not.
... an Stefanie für die liebevolle Gestaltung.
... an Anne V. für die Inspiration.
... allgemein an den Hölker-Verlag für die extrem nette Zusammenarbeit. Danke, dass ihr mir Anstöße gegeben habt, mich weiterzuentwickeln, ohne meinen Stil verändern zu wollen.
... speziell an euch, Dagmar und Angela, für euer Verständnis. Danke, Dagmar, für dein Vertrauen in das Projekt und danke, Angela, für die offene, herzliche und besondere Zusammenarbeit.
... an meine Eltern und meine Schwester, die mich dazu motiviert haben, nicht nur zu „träumen", sondern zu „machen".
... an Norbert für die mentale Unterstützung bei diesem doch nicht so kleinen Projekt.

Vielen Dank auch an Davert für die Bereitstellung der Produkte.

ÜBER DIE *Autorin*

Kerstin Niehoff bezeichnet sich selbst als absoluten Foodie und verbreitet unter ihrem Spitznamen „Kerze" in sozialen Netzwerken und auf ihrem Blog "Waldsinnig" (www.waldsinnig.de) vor allem ihre Freude am Kochen, Genießen und Gestalten mit Sinn für Nachhaltigkeit und Natürlichkeit. Die Liebe zum Fotografieren hat die Münsteranerin erst vor einigen Jahren entdeckt, mittlerweile ist sie jedoch nicht mehr aus ihrem Alltag wegzudenken. Auf ihrem Blog kann sie ihre Leidenschaften verbinden und auf diese Weise schöne Momente mit anderen teilen.

FSC www.fsc.org
MIX
Papier aus verantwortungsvollen Quellen
FSC® C002795

IMPRESSUM

5 4 3 2 1 22 21 20 19 18
ISBN 978-3-88117-162-5

Rezepte und Fotos: Kerstin Niehoff
Redaktion: Angeka Vornefeld
Lektorat: Julia Bauer, Redaktionsbüro Küchenzeile
Gestaltung: Stefanie Wawer
Satz: Helene Hillebrand
Litho: FSM Premedia, Birgit Depenbrock

Hafenweg 30, 48155 Münster, Germany

www.hoelker-verlag.de